ARREST
DU CONSEIL D'ESTAT
DU ROY,

*Qui deboute les Maire & Echevins de la Ville de Ba-
yonne de leurs demandes, tendantes à faire décharger
les Bourgeois de ladite Ville, des droits de Franc-fief,
sur le fondement de leurs privileges & exemptions.
Et ordonne que les habitans roturiers de ladite Ville, seront tenus de payer lesdits droits, pour raison des Fiefs
& Biens Nobles qu'ils possedent, à raison d'une année du revenu pour 20 années de jouïssance,*

Du onze Novembre 1749.

Extrait des Registres du Conseil d'Estat.

VU au Conseil d'Etat du Roi, la Requête présentée au
sieur Daignan, Subdelegué general de l'Intendance de
Bearn, Navarre & Generalité d'Auch; par les Maire, Echevins, & Jurats de la Ville de Bayonne: contenant, que les
sieurs la Borde, Nogués, Vinatier, la Borde Député, la
Reze & Deville, tous bourgeois & natifs de ladite Ville
de Bayonne, ayant été poursuivis en 1736 par le Fermier
du Domaine de ladite Generalité, pour payement des droits
de Franc-fief, il fut pris une Deliberation en l'Hôtel de Ville,
le 11 Mai de la même année, en vertu de laquelle les Sup-
plians, prenant leur fait & cause, se pourvûrent devant M.
de Balotre, lors Intendant à Pau, & demanderent que tous

les habitans de Bayonne fussent maintenus dans l'exemption des droits de Franc-fief, conformément à leurs privileges détaillés dans l'acte de Déliberation, & dans leur Requête; la réponse du préposé du Fermier, l'Ordonnance du sieur de St. Contest, successeur dudit sieur de Balorre, du 12 Décembre 1739, par laquelle il renvoye les Parties à se pourvoir au Conseil. Autre Requête présentée au sieur de Serilly, successeur dudit sieur de St. Contest, par lesdits Maires Echevins de Bayonne, prenant le fait & cause de Catherine Relin, veuve d'Arnauld-la-Magniere, de ladite Ville, tendante à ce qu'il plût, attendu l'Ordonnance de renvoi dudit sieur de St. Contest, renvoyer les Parties à se pourvoir au Conseil, sur la demande formée contre ladite veuve, en payement du droit de Franc-fief, l'Ordonnance du sieur de Serilly du premier Décembre 1740, qui renvoye les Parties au Conseil. Autre Requête présentée au Conseil par lesdits Maire & Echevins, par laquelle ils observent, que dans le temps que la Ville de Bayonne étoit sous la domination des Anglois, les bourgeois de cette Ville jouïssoient de l'exemption des Franc fiefs; que dans la suite, cette Ville ayant passé sous la domination de la France, ses bourgeois furent confirmés par Lettres Patentes du Roi Charles VII. dans tous leurs privileges, & nommément dans l'exemption des droits de Franc-fiefs: ces privileges ayant été confirmés successivement de regne en regne, ils doivent avoir leur execution, que le droit de Franc-fief avoit été inconnu à Bayonne jusqu'en l'année 1580, qu'il fut envoyé un Commissaire du Conseil pour en faire la recherche, en execution des Déclarations des Rois Charles IX & Henri III. des 5 Septembre 1570 & 19 Octobre 1579; mais que les bourgeois de Bayonne ayant justifié de leur exemption, ils furent en conséquence déchargés desdits droits par jugement de ce Commissaire, rendu sur les conclusions du Procureur du Roi, de la commission du 9 Août 1580. que ce jugement a été confirmé, & nomément quant à l'exemption des droits de Franc-fiefs, nouveaux Acquêts & Amortissemens, par Lettres Patentes du Roi Henri IV. du 6 Novembre 1606. & ils ont été maintenus dans les mêmes privileges & exemptions, par

Lettres Patentes des Rois Louis XIII Louis XIV. &
de Sa Majesté regnante, des 13 Mai 1611. Juin 1643. Mai &
1717. que lors des recherches faites en 1610. 1613. 1641.
1652. 1656. 1668. & 1672. les bourgeois de Bayonne furent re-
connus exempts des droits de Franc-fiefs, en furent déchargés par
Ordonnance des sieurs Pellot de Seves & de Ris , Commissai-
res départis en Guyenne, des 21 Juin 1668. 4 Mai & 4 Juillet
1673. & 4 Mai 1682. que les bourgeois de Bayonne, ayant de
nouveau été recherchés en 1693. pour le payement desdits
droits, & la contestation portée devant le sieur de Bezon, Intendant à Bordeaux, qui renvoya les Parties au Conseil, il fut rendu Arrêt le 20 Avril 1694. qui confirma lesdits habitans dans
tous leurs privileges , & les déchargea des Franc-fiefs , de l'avis
dudit sieur de Bezon , en conformité des Ordonnances qui
avoient été rendues par lesdits sieurs Pelot, de Seves, & de Ris ;
que ces privileges qui sont particuliers à la Ville de Bayonne,
& notoires à toute la France , sont protegés du Ministere , &
ont été confirmés de regne en regne : ils portent sur le Civil,
sur le Militaire, sur la Politique & sur toutes sortes de levées,
& perception de droits , & ont pour motifs , l'avantage de la
France ; d'autant qu'au moyen des rapports que cette Ville se
trouve avoir avec l'Espagne, elle est la seule propre à former l
& entretenir avec cette Puissance, un Commerce infiniment
fructueux pour l'Etat ; que c'est d'ailleurs par la stérilité du pays,
& les bornes de cette extrémité du Royaume, que cette Ville
a obtenu l'exemption du Franc-fief, & y a été conservée dans
tous les temps , qu'elle a sa coutume, ses usages, ses franchi-
ses, & son tarif qui lui est particulier ; qu'elle est hors de l'é-
tendue de la régie, & réputée étrangere dans tous les cas où
ce caractere peut lui être avantageux. A CES CAUSES, requeroit le Suppliant, qu'il plût à Sa Majesté declarer exempts des
droits de Franc-fief, les bourgeois & habitans de Bayonne;
& que ceux qui ont pû être employés en des contraintes, & sur
lesquelles il a été fait des saisies & autres poursuites pour le
payement desdits droits, en soient déchargés. Le Mémoire de
Nicolas Lambelinot , Sous-Fermier des Domaines & Droits
y joints de ladite Generalité, servant de Réponse à celui des
Maire & Echevins, contenant qu'il y a peu de Villes dans le

A ij

Royaume, qui n'ayent des privileges particuliers qui leur ont été confirmés par les Rois, à leur avenement à la Couronne ; mais que ces privileges n'ont aucune application à l'exemption du droit de Franc-fief, auxquels les bourgeois de toutes les Villes du Royaume, sont actuellement assujettis, & notamment ceux de Paris, Rouen, Lyon, Bordeaux, & autres qui entretiennent un Commerce considérable, non seulement avec l'Espagne , mais encore avec les pays les plus éloignés ; & ce Commerce n'exemptant point les bourgeois de ces Villes du droit de Franc-fief, il ne peut par raison de parité, en exempter les bourgeois de Bayonne ; que la stérilité, & le peu d'étenduë, n'est pas un moyen qui puisse operer, l'exemption de ce droit au préjudice des Loix generales du Royaume qui y assujettissent tous les roturiers, sans exception ; que les Lettres Patentes du Roi Charles VII. par lesquelles lesdits habitans prétendent qu'ils furent déclarés nobles, n'étant point rapportées, & n'en étant fait aucune mention dans leurs titres, ils ne peuvent s'en prévaloir, ni en tirer le moindre avantage ; que l'allégation de n'avoir jamais payé les droits en question, est d'autant plus hasardée, qu'il est de fait, que ce n'a été qu'au moyen des finances que les bourgeois de cette Ville ont payées, qu'ils ont eû une exemption à temps limité. Pour établir cette vérité, le Fermier observe, que par l'Edit du mois d'Août 1692. le feu Roi ayant ordonné le recouvrement des Franc-fiefs sur tous les roturiers du Royaume, pour les biens qu'ils avoient acquis depuis 1672. nonobstant toutes choses & usages à ce contraires auxquels il dérogea , la plûpart des Villes offrirent des sommes, pour être dispensées de l'execution de cet Edit ; & les bourgeois de la Ville de Bayonne en userent de même, ayant offert 6600 liv. dont 5000 liv. & les 2 s. pour liv. pour les droits de Franc-fief, laquelle fut acceptée par Arrêt du 20 Avril 1694. en conséquence duquel, cette somme fut payée à Fumée, chargé du recouvrement desdits droits ; ensorte que n'ayant été déchargées de l'execution de cet Edit , qu'au moyen de ce payement : ce fait établit la preuve la plus complette, qu'ils s'abonnerent moyennant cette somme pour les biens qu'ils possédoient depuis 1672. d'où il suit qu'ils furent déclarés sujets aux franc-fiefs pour l'avenir, & qu'ils le reconnurent eux-mêmes; qu'en un mot, l'Arrêt du Conseil du 20 Avril 1694. fournit une preuve invincible, que les bourgeois de Bayonne ne furent affranchis que pour les biens acquis depuis 1672. A CES CAUSES, requeroit ledit Lambelinot, que faisant droit sur le renvoi porté par l'Ordonnance dudit sieur de St. Contest, ci-devant Intendant & Commissaire départi en laditte Generalité du 12 Décembre 1739. il plût à Sa Majesté ordonner, que les bourgeois & habitans roturiers de la Ville de Bayonne, seront tenus de payer les droits de Franc-fief, des fiefs & biens nobles qu'ils possedent pour 20 années de jouissance, à compter du jour de leur possession. Autre Mémoire des Maire & Echevins de Bayonne, servant de Replique à la réponse dudit Lambelinot, par lequel ils soutiennent, que la somme qui fut payée en execution de l'Arrêt de 1694. n'avoit pas été offerte pour abonnement; mais seulement à titre de Don gratuit, pour contribuer aux dépenses de la Guerre que le Roi soutenoit alors contre toute l'Europe; que les Ordonnances des sieurs Pelot, de Seves, & de Ris qui avoient déchargées les bourgeois de Bayonne des droits de Franc-fief, nepouvoient avoir pour motif le Don gratuit, puisque ces Ordonnances confirmées par cet Arrêt, avoient été rendües longtemps auparavant; qu'il est indifférent que sur les 66000 liv. de ce Don gratuit, il en ait été payé 5000 liv. au preposé au recouvrement des Francfiefs, la présomption étant, que ce fut par ordre de compte, ce qui ne peut préjudicier à l'exemption des bourgeois de Bayonne, parce qu'elle est fondée sur des motifs de justice, & sur l'intérêt de l'Etat, puisque depuis 1453. temps auquel la Ville de Bayonne passa sous la domination de la France, les Bayonnois n'ont cessé de rendre des services à la Couronne, au point que leur fidelité & leur courage furent la principale cause de l'expulsion des Anglois de la Province de Guyenne, dont ils s'étoient emparés, qu'on voit par l'Histoire, qu'en 1523. les Bayonnois forcerent par leur valeur & leur courage, les Espagnols, à lever le siege qu'ils avoient mis par Mer & par Terre devant Bayonne; & leur fidelité a toujours été telle, que dans tous les temps de troubles & de guerres civiles pour la Religion, ils ne se sont jamais écartés de leur devoir envers leur Souverain ; qu'en 1595. les Espagnols ayant tenté, par la trahison de quelques étrangers, de surprendre la Ville , & les traîtres ayant été découverts par la vigilance des Magistrats, ceux-ci les firent punir de mort , & firent échouer peu de temps après une nouvelle entreprise tramée par la trahison d'un Médecin en l'année 1636. Ils chasserent du pays de Labour , un corps considérable de troupes que les Espagnols y avoient envoyés , & qui s'étoient emparés de S. Jean de Luz ; qu'il est prouvé par plusieurs lettres du Cardinal Mazarin, que pendant la guerre civile , sous la minorité du Roi Louis XIV. on tenta inutilement toutes sortes de moyens , & les offres les plus avantageuses pour corrompre la fidelité des Bayonnois, lesquels peu de temps après , ayant découvert que les Espagnols cherchoient à s'emparer de la Ville par la trahison du nommé Pedro Magués , natif du Royaume de Castille, firent mourir ce traître ; qu'en l'année 1674. les Hollandois ayant envoyé une flotte considérable avec de nombreuses troupes de débarquement, qui devoient être jointes par un corps de troupes Espagnolles , pour assieger Bayonne par Mer & par Terre , les bourgeois seuls qui se mirent sous les armes, obligerent cette flotte à se retirer sans avoir osé rien entreprendre ; que les différentes occasions où ils ont signalés leur fidélité & leur zele, sont sans nombre. En l'année 1627. temps auquel la Rochelle étoit assiégée par le Roi Louis XIII. les bourgeois de Bayonne armerent, & envoyerent à leurs dépens une flotte, pour secourir la Citadelle de S. Martin de Rhé, que les Anglois tenoient assiégée , où ils entrerent après un combat des plus terriles , qui leur attira des témoignages de la satisfaction du Roi Louis XIII. En l'année 1638. ils fournirent des secours considérables en vivres , munitions, Soldats, Pionniers & ouvriers de toute espece à l'armée du Roi , pour le siege de Fontarabie. En 1652. ils envoyerent pareillement un grand nombre de barques armées, pour s'opposer à la faction des Rebelles, qui tenoient la Ville de Bordeaux, & y donnerent des nouvelles preuves de valeur , par les fréquens combats qu'ils livrerent. Que le terrain de la Ville de Bayonne étant stérile, les bourgeois n'y subsistent que par leur industrie ; & cette Ville l'emportant pour la navigation & le commerce , sur tous les autres Ports de l'Ocean ; elle mérite par cette raison des confidérations particulieres , d'autant que , fans les privileges dont les bourgeois de cette Ville jouiffent, ils iroient s'établir ailleurs, ce qui prouve qu'il eft intéreffant pour l'Etat, de les maintenir dans l'exemption du Franc-fief ; que le droit de Franc-fief n'ayant été établi dans fon origine, que parce que le Roi étoit privé du Service Militaire, lorfque les Fiefs étoient dans les mains des roturiers, cette raifon ne peut avoir lieu à l'égard des Bayonnois, vû qu'ils'rendent journellement au Roi le Service Militaire, puifqu'ils font chargés de la garde de leur Ville & des Fortifications, ce qu'ils font à leurs frais & dépens & en perfonne, & que dès-lors qu'ils rempliffent ainfi le Service Militaire qui a fervi de motif à l'inftitution des Franc-fiefs, ils doivent être maintenus dans l'exemption de ce droit ; qu'il faut encore confiderer que la fupreffion d'un privilege auffi prétieux, ne produiroit à Sa Majefté, qu'une bien modique finance, puifqu'on convient qu'elle ne monteroit qu'à 5000 liv. tous les 20 ans, pourquoi ils perfiftent dans leurs conclufions. Autre Mémoire dudit Lambelinot, fervant de Réponfe à la Répliquè defdits Maire & Echevins de Bayonne, par laquelle il convient, que dans la Requête des bourgeois de Bayonne, fur laquelle il intervint l'Arrêt du 21 Avril 1694. ils avoient fait inferer , qu'ils offroient ladite fomme de 66000 liv. par forme de Don gratuit ; mais qu'ils ne fçauroient fe prévaloir, ni tirer aucun avantage de cette expreffion, d'autant qu'un Don ne peut être reçû pour gratuit, que lorfqu'il eft offert fans condition & fans intérêt ; que l'offre que firent les bourgeois de Bayonne en conféquence de l'Edit de 1692. n'étoit point dans ce cas, & ne fut point acceptée comme telle, puifque Sa Majefté ordonna, qu'au moyen du payement de la fomme offerte dans un temps limité, lefdits habitans demeureroient confervés dans leurs privileges , & déchargés de l'execution de cet Edit, pour le payement du droit de Franc-fief & autres, enforte que s'ils n'avoient point payé la fomme offerte dans le temps piefcrit par cet Arrêt, ils auroient été foumis à un recouvrement en détail defdits droits, de même que les autres habitans roturiers des Villes qui ne s'étoient point abonnés, ou qui n'avoient point contribué aux abonnemens faits ; que lors du même Edit : les bourgeois de Paris ayant offert une somme de 200000 liv. pour jouir de l'exemption des droits de Franc fiefs, cette offre fut acceptée ; & en conséquence les Commiſſaires députés pour l'exécution de cet Edit, déchargerent pluſieurs bourgeois de ce droit ; mais que le Prevôt des Marchands & les Echevins ayant enſuite repréſenté qu'il étoit impoſſible à la Ville de Paris, de ſatisfaire au payement de cette ſomme ; il fut rendu Arrêt le 31 Août 1694. par lequel Sa Majeſté ordonna que les jugemens des Commiſſaires qui avoient prononcé ſes décharges, ſeroient rapportés comme nuls ; & qu'en conséquence, les rôles arrêtés contre les bourgeois de Paris, ſeroient exécutés : ce qui prouve invinciblement que les abonnemens faits en exécution de l'Edit de 1692. n'avoient pour objet que la diſpenſe du recouvrement ordonné par cet Edit, & qu'il n'y avoit conſéquemment rien de gratuit ; que les bourgeois de Paris qui ont des privileges particuliers, au moins auſſi conſidérables que ceux de Bayonne, ſuivant les Lettres Patentes du mois de Mars 1669. ayant toujours payé depuis 1692. & payant encore actuellement les droits de Franc-fiefs, quelques efforts qu'ils ayent fait pour s'en procurer l'exemption, ceux de Bayonne n'ont pas plus de droit de la prétendre, que dans le temps du même recouvrement. Les bourgeois de Bordeaux oppoſerent comme font aujourd'hui ceux de Bayonne, qu'ils avoient été maintenus dans tous leurs privileges par le Roi Charles VII. ſuivant la clauſe du traité de réunion de 1451 ; qu'enfin toutes les Villes privilégiées du Royaume ayant été déchargées des Franc-fiefs, au moyen des ſommes qu'elles payerent au recouvrement de 1692. n'on point par Don gratuit, comme elles l'ont prétendu ; mais bien par abonnement : il s'en ſuit que celle de Bayonne eſt dans ce même cas, conſéquemment qu'elle n'a aucun moyen d'exemption. Autre Requête des Maires & Echevins de Bayonne, prenant le fait & cauſe du ſieur Vanduſel, autre bourgeois de ladite Ville, contenant qu'au préjudice de l'indéciſion de l'Inſtance générale, le Prepoſé du Fermier ayant découvert que la veuve Preil bourgeoiſe de ladite Ville, avoit été condamnée au payement du Franc-fief, par Arrêt contradictoire du 1 Mars 1735. auroit ſur le fondement m nt de cet Arrêt, obtenu une Ordonnance du sieur Caze de la Bove, Intendant, par laquelle ces deux Particuliers ont été condamnés au payement des mêmes droits, sur quoi ils observent, que cet Arrêt rendu contre une simple habitante mal défenduë, ne peut porter aucun préjudice aux privileges des bourgeois de Bayonne, & principalement pendant que l'Instance est indécise, d'autant plus qu'il n'y est fait aucune mention de ces privileges, ce qui leur ouvre de droit, la voye d'opposition contre cet Arrêt; que c'est mal-à-propos que les Sous-Fermiers affectent de regarder l'Arrêt de 1694. comme un simple abonnement des droits de Franc-fiefs pour le temps y énoncé, attendu que la Ville s'en prétend exempte, non seulement sur le fondement de cet Arrêt, mais encore en vertu de tous les autres titres produits dans l'Instance. A ces Causes, requeroient lesdits Maire & Echevins, qu'il plût à Sa Majesté, en attendant le jugement de l'Instance générale pendante au Conseil, ordonner une surséance à l'égard des Particuliers poursuivis; & en conséquence, que le Fermier sera tenu de restituer les sommes par lui exigées & reçuës, comme aussi les recevoir opposants à l'Arrêt du Conseil du 1 Mars 1735. Autre Mémoire desdits Maire & Echevins, par lequel ils ajoutent, que la Ville de Bayonne & son Consulat ne sont point compris dans l'étenduë des Fermes Générales, ni assujettis aux impositions qui se levent en Bretagne, en Franche-Comté, & en Flandres; il n'y a ni Aydes ni Gabelles, ni Formules, & les Maîtres des Eaux & Forêts n'y exercent point de Juridiction. Le Tarif de 1667. ni celui de 1669. concernant les droits des Fermes, n'ont point lieu dans cette Ville, & elle est la seule du Royaume qui ait la liberté du Commerce du Tabac; ce qui prouve que les Rois l'ont toujours traitée différemment des autres Villes du Royaume; qu'elle est pareillement exempte des nouveaux Réglemens concernant le Commerce des Colonies Françoises, quoique les Ports francs de Marseille & de Dunkerque y soient assujettis; que l'objet de tant de privileges, est d'attirer à Bayonne un plus grand nombre d'habitans pour le soûtient & l'accroissement du Commerce; qu'ainsi on ne peut appliquer à cette Ville, les Réglemens qui ont été rendus pour les autres Villes du Royaume. Autre Mémoire des Sous - Fermiers ; contenant que l'Arrêt du 2 Mars 1735. rendu contre la veuve Previl, préjuge en leur faveur la question dont il s'agit, d'autant qu'il a été rendu contradictoirement avec cette veuve qui se fondoit sur les mêmes moyens employés par les Maire & Ehevins de Bayonne ; que dans le fait, il ne subsiste plus d'exemption de Franc - fiefs en faveur d'aucunes Villes, ni d'aucunes Provinces du Royaume, toutes les Villes qui ont payé , soit à titre d'abonnemens ou de Don gratuit pour être confirmés dans leur exemption, n'ayant pas moins été soumise que les autres à la Loi commune & générale qui assujettit tous les roturiers possédans Fiefs & biens nobles, à payer le droit de Franc-fief, pour être relevés de leur incapacité de posseder des biens de cette nature ; que par Edit du mois de Mars 1672. le feu Roi a ordonné que tous ses sujets roturiers possédans Fiefs , payeront trois années du revenu d'iceux, 1°. pour la jouissance des mêmes biens de 1656. à 1672. 2°. pour en jouir par eux à l'avenir avec affranchissement ; qu'il est expressément porté par cet Edit, que ces dispositions auront lieu , nonobstant tous Dons, Concessions , & Privileges que Sa Majesté a révoqué, & par Arrêt du 28 Janvier 1673. rendu en interprétation de cet Edit, le Roi voulant traiter favorablement les Habitans des Villes franches, & les distinguer de ceux des autres Villes, les a maintenus dans l'exemption du Franc-fief, en payant seulement deux années du revenu de leur Fief, ce qui prouve que toutes les Villes privilégiées, furent formellement assujetties aux droits de Franc-fief ; qu'en exécution de l'Edit de 1692. dont les dispositions ne sont point formelles sur la révocation générale de cette exemption, il fut arrêté des rôles au Conseil, où on employa les Habitans de toutes les Villes du Royaume ; mais celles des Villes qui jouissoient de l'exemption, ayant demandé d'y être maintenues, & en conséquence d'être déchargées de l'exécution des rôles, n'obtinrent leur demande, qu'en payant des sommes par forme d'abonnement ou de Don gratuit, faute de quoi les rôles furent exécutées ; que ces abonnemens furent acceptés par plusieurs Arrêts rendus en faveur des Villes de Paris, Rouen, Orleans, Montargis, Grenoble, Compiegne, Poitiers, Angers & autres ; que la plûpart de ces Villes ayant prétendu dans la suite ; que les finances qu'elles avoient payées par forme d'abonnement, avoient operé en leur faveur l'exemption des Francs-fiefs à perpétuité : elles furent déboutées de cete prétention par plusieurs Arrêts, sçavoir, celle de Rouen, par Arrêt du 13 Décembre 1718. celle de Compiegne, par Arrêt du 19 du même mois, celle de Toulouse, par Arrêt du 5 Février 1722. celle d'Amiens, par Arrêt du 17 Octobre 1724. celle d'Angers, par Arrêt du 19 Septembre 1730. celle de Peronne, par Arrêt du 26 Septembre 1730. celle du Mans, par Arrêt du 18 Septembre 1731. celle de Nantes, par Arrêt du 2 Novembre 1734. celle de Langres, par Arrêt du 13 Juin 1741. celle de Blois, par Arrêt du 1 Mai 1741. celle de Metz, par Arrêt du 18 Avril 1713. & 3 Octobre 1741. au moyen de quoi il demeure pour constant, que les Villes qui avoient été exemptes auparavant par leurs privileges, furent soumises à la Loi générale, de même que celles non privilegiées ; que la Ville de Bayonne fut également soumise à cette Loi nonobstant ses privileges, puisqu'en conséquence de l'Arrêt du Conseil du 20 Avril 1694. elle paya suivant ses offres, une somme de 66000 liv. dont 5000 liv. pour le rachapt des cens & rentes ordonnés par Edit de 1693. & 5000 liv. pour être confirmées dans l'exemption des Franc-fiefs, laquelle somme de 5000 liv. fut perçue par Fumée chargé du recouvrement de ces droits, ce qui prouve invinciblement, que cette Ville ne fut pas distinguée des autres; que ces abonnemens n'ont opéré qu'un affranchissement limité à la durée de la vie de ceux qui y avoient contribué, tant pour les biens nobles qu'ils possédoient alors, que pour ceux qu'ils avoient acquis depuis, puisque par la Declaration du 16 Juillet 1702. de même que par les Edits de Mai 1708. & Septembre 1710. il fut expressément ordonné que le payement des Franc-fiefs seroit fait à l'avenir à fur & à mesure des acquisitions ou des mutations de propriété, & que la recherche en seroit faite dans toutes les Villes du Royaume sans exception, que depuis on n'a considéré comme exempts de droit de Franc-fiefs, même dans les Villes abonnées, que ceux qui avoient réellement contribué à ces abonnemens, qu'ainsi les Bourgeois de la Ville de Bayonne sont dans le même cas, que les Villes de Paris, Rouen, Bordeaux, Grenoble, Toulouse, & une infinité d'autres appellées franches, qui soit à cause de leurs privileges, soit à cause de leur coutume, avoient toujours été exemptes de Franc-fief avant l'Edit de 1692. mais y ayant été assujetties depuis en conséquence de ce même Edit, & de l'Arrêt du 18 Janvier 1693. celle de Bayonne ne peut être exceptée; qu'il en est de même de la Ville de Metz, & enfin, que toutes les autres Villes, qui par leur situa-tion, leur commerce, & leurs privileges, étoient dans des circonstances aussi favorables que celle de Bayonne, ont eû le même sort; c'est pourquoi ledit Lambelinot persiste dans ses conclusions. Autre Mémoire desdits Maire & Eche-vins, par lequel ils ajoutent, qu'on ne doit pas juger du pri-vilege de Bayonne, comme le Fermier le prétend par induc-tion de ceux des autres Villes du Royaume, attendu que Ba-yonne a son caractere propre qui la distingue essentiellement & en tous points de toutes les autres; que si le principe du Fermier étoit adopté, il s'en suivroit qu'il faudroit renverser la constitution de cette Ville, pour la réduire avec les autres, & la dépouiller de tous ses autres privileges, dont elle jouit sans trouble depuis un temps immémorial; & avec d'autant plus de sécurité, qu'ils lui ont été accordés dans l'origine, & successivement confirmés depuis pour l'intérêt de l'Etat, & des vûës supérieures d'une politique réflechie; que la situation de cette Ville sur la frontiere, qui est l'entrée & l'issue du Royau-me du côté de Navarre, d'Arragon, d'Espagne, & de la grande Mer Oceane, l'utilité d'en multiplier, & d'y attirer des Ha-bitans par toutes sortes de faveurs, pour garnir cette frontiere, y maintenir & accroître le Commerce entre les deux Royau-mes, & enfin la stérilité du Pays, sont les motifs qui ont dé-terminé les différens privileges dont cette Ville jouit seule dans le Royaume, parce qu'elle seule réunit les circonstances qui l'en ont rendu digne, & que ces motifs sont énoncés dans les diverses Lettres Patentes des Rois, d'où il suit que la cause de la Ville de Bayonne doit être discutée & jugée, sans égard à ce qui a pû se passer, relativement aux autres Villes, par ceque tout lui étant étranger, comme seule dans son espece par la nature de sa constitution, son droit ne doit pas être com-battu par induction, & que cependant ce sont les seules armes

des Sous-Fermiers ; qu'ils ont déja exposé en détail, les dif-
tinctions & exemptions dont cette Ville jouit, quant aux droits
d'usages, aux divers Tarifs, aux Gabelles, Impositions , &c.
fait voir que tous ces privileges partent de la même source,
& ont les mêmes motifs. Celui de l'exemption du Franc-fief
a la même origine, il fut confirmé & nomément énoncé dans
les Lettres Patentes de 1580. & 1582. accordé par le Roi Henri III. aux nobles bourgeois & habitans de la Ville de Bayonne, puisqu'elles portent que lesdits nobles & habitans ont pri-
vilege spécial de pouvoir posseder en commun & en particulier, tous les biens, tant nobles, que roturiers, librement &
franchement : qu'entre autres motifs de cette exemption , on y
rappelle la garde de jour & de nuit, laquelle lesdits Habitans
sont tenus de faire ; qu'enfin les titres sur lesquels lesdits Habitans se sont surabondamment fondés & appuyés, étant des plus
autentiques , la situation de leur Ville, la position, l'intérêt
de l'Etat , & leur caractere dont ils ont été honorés si légiti-
mement , suffisent pour les faire maintenir dans l'exemption du
Franc-fief. Le Mémoire de Jean.Baptiste le Blanc , Fermier du
Bail de 1727 .tant pour lui, que pour le Fermier des Baux suivans,
par lequel il observe, que les Habitans de la Ville de Bayonne
doivent subir le même jugement que celui qui a été prononcé
cé contre la Dame de Previl , par Arrêt contradictoire du Conseil du 1 Mars 1735. comme étant rendu sur les mêmes titres
& moyens dont se servent aujourd'hui lesdits Habitans ; que
ce n'est pas sur de simples inductions que les Fermiers du Domaine se fondent , mais sur des constitutions de l'Etat & des
Loix les plus positives, que la comparaison tirée des princi-
pales Villes du Royaume qui ont été condamnées au payement
de ces droits , est des plus exactes & des plus justes, par ceque
ces Villes avoient également joui de l'exemption de ces droits ,
avant l'Edit de 1692. puisqu'elles étoient dans la même espece par leurs privileges, & encore dans des cas plus favorables ;
que lesdits Maires & Echevins ont vainement opposé une Ordonnance de décharge desdits droits, renduë par le sieur le
Gendre, Intendant, le 31 Mai 1718. en faveur de plusieurs
Habitans de ladicte Ville, qui étoient poursuivis par Rousselot,
Fermier desdits droits, par la raison que le Directeur de Rous-

felot n'avoit pas été appellé dans l'Inſtance, qu'il n'y avoit pas deffendu ; mais ſeulement le Prepoſé au Bureau de Dax, qui étoit ſans titre & ſans qualité pour la deffeuſe de la cauſe; qu'il faut néceſſairement ſe fixer aux Lettres Patentes accordées aux Habitans de Bayonne, & ſingulierement à celle de Sa Majeſté du mois de Mai 1717. que ne paroiſſant en aucun endroit de ces Lettres, que l'exemption des Franc fiefs leur ait jamais été accordée, il faut indiſpenſablement qu'ils y ſoient aſſujettis. A CES CAUSES, requeroit ledit le Blanc, qu'il plût à Sa Majeſté le recevoir Partie intervenante dans l'Inſtance, & appellant de l'Ordonnance du ſieur le Gendre, du 31. Mai 1718. ce faiſant, condamner leſdits Habitans de Bayonne à payer les droits de Franc fief, ſans diſtraction des années qui ſe ſont écoulées depuis le décès des redevables, pendant que l'Inſtance a duré. Vû auſſi copies des Lettres Patentes des mois de Novembre 1600. 6 Mai 1611. & Mars 1717. Autre copie du Jugement rendu par le ſieur de Gacq, Commiſſaire départi à la recherche des droits de Franc-fief, du 9 Août 1580. L'Arrêt du Conſeil du 20 Avril 1694. contenant acceptation de la ſomme de 6600 liv. offerte par les Habitans de Bayonne, pour être déchargés de l'exécution des Edits de 1692. & 1693. L'Ordonnance rendue par le ſieur le Gendre, Intendant, le 31 Mai 1718. portant décharge des droits de Franc-fiefs, en faveur de pluſieurs bourgeois de Bayonne. La Déliberation priſe par les Maires & Echevins de laditte Ville, le 11 Mai 1738. enſemble les Edits, Déclarations, Arrêts & Réglemens cités par les Fermiers. Ouy le Rapport du ſieur de MACHAULT, Conſeiller ordinaire au Conſeil Royal, Controlleur General des Finances. LE ROY EN SON CONSEIL, a reçû & reçoit Jean-Baptiſte le Blanc, Partie intervenante, & faiſant droit ſur les renvois portés par les Ordonnances des ſieurs de S. Conteſt, & de Serilly, ci-devant Intendant en Navarre, Bearn, & Généralité d'Auch, des 12 Décembre 1739. & 1 Décembre 1740. ſans s'arrêter à l'Ordonnance du ſieur le Gendre, du 31 Mai 1718. à l'oppoſition deſdits Maire & Echevins de la Ville de Bayonne, à l'Arrêt du Conſeil du 2 Mars 1735. ni aux demandes inſérées dans leurs Requêtes, dont Sa Majeſté les a déboutés. A ORDONNE' ET ORDONNE, que ledit Arrêt

du Conseil, sera exécuté selon sa forme & teneur; & en conséquence, que les Habitans roturiers de laditte Ville de Bayonne, seront tenus de payer les droits de Franc-fiefs, des Fiefs
& biens nobles qu'ils possedent aux differens Sous-Fermiers,
auxquels ils se trouveront dûs pour le temps de leurs posses-
sions, ou nouveaux affranchissemens, à quoi faire seront les
redevables contraints par les voyes ordinaires & accoutumées,
sauf à eux à se pourvoir devant le sieur Intendant, en Navarre, Bearn, & Generalité d'Auch, s'ils prétendent que leurs
taxes excedent une année du revenu pour 20 années de jouissance de leurs biens nobles. Enjoint Sa Majesté audit sieur Intendant, de tenir la main à l'exécution du present Arrêt, nonobstant toutes oppositions, ou autres empêchemens quelconc-
ques, pour lesquels ne sera differé, & dont si aucuns interviennent, Sa Majesté s'est reservée la connoissance & à son Conseil, icelle interdisant à toutes ses Cours & autres Juges. Fait
au Conseil d'Etat du Roi, tenu à Fontainebleau, le onziéme
jour du mois de Novembre 1749. *Collationné*, *Signé* De Vougny , pour M. Heynard.

L OUIS, par la Grace de Dieu, Roi de France & de Navarre. A notre amé & féal Conseiller en nos Conseils,
le sieur Intendant & Commissaire départi pour l'exécution de
nos Ordres, en Navarre, Bearn, & Generalité d'Auch. Sa-
lut. Nous vous mandons de proceder à l'exécution de l'Arrêt, dont l'Extrait est ci-attaché sous le contre-scel de notre
Chancellerie, ce jourd'hui rendu en notre Conseil d'Etat, pour
les Causes y contenuës: Commandons au premier notre Huis-
sier, ou Sergent sur ce requis, de signifier ledit Arrêt, à tous
qu'il appartiendra, à ce qu'aucun n'en ignore; & de faire en
outre pour son entiere exécution, à la Requête de Jean-Bap-
tiste le Blanc, Fermier du Bail de 1727. tant pour lui, que
pour le Fermier des Baux suivants, & autres Sous-Fermiers
y dénommés, tous Commandemens, Sommations & autres
Actes & Exploits nécessaires, sans autre permission, nonobstant toutes oppositions, ou autres empêchemens quelconques,
pour lesquels ne sera différé, & dont si aucuns interviennent,
nous nou en réservons & à notre Conseil, la connoissance,

icelle interdifons à toutes nos Cours & autres Juges. Car, tel eft notre plaifir. Donne' à Fontainebleau, le onziéme jour de Novembre, l'an de grace 1749. & de notre Regne, le trente-cinquiéme. Par le Roi, en fon Confeil, *Signé* De Vougny, *& fcellé le 5 Décembre 1749. avec paraphe.*

Collationné aux Originaux, par Nous, Ecuyer, Conseiller-Secretaire du Roi, Maison, Couronne de France, & de ses Finances. Signé Cabanel.

De l'Imprimerie de Pierre Prault, Quai de Gêvres. 1750.